UNE SOLUTION

A. COCQUEREL

L'ALGÉRIE

UNE SOLUTION

Octobre 1860

ALGER

IMPRIMERIE ALGÉRIENNE DE J. DUBOS

1860

UNE SOLUTION

Depuis la suppression du Gouvernement général, l'Algérie est dans un état de crise non interrompue.

Si nous remontons dans nos souvenirs à cette époque du gouvernement que nous appelons aujourd'hui militaire, nous trouvons une colonie divisée en trois provinces avec une capitale où se centralisaient les affaires, mais où elles ne se résolvaient pas; aussi, de tous les points de l'Algérie, s'élevait une plainte constante, et c'était un accord complet entre les administrés et leurs administrateurs pour reconnaître et déplorer l'impuissance de l'autorité locale, dominée dans la moindre affaire par quelque commis du Ministère de la guerre.

La Division de l'Algérie au Ministère de la guerre, rapportait à elle-même toutes les décisions à prendre, et c'était une lutte continue entre les hommes qui, sur les lieux, avaient étudié pratiquement les questions, et les chefs de bureau qui les appréciaient souverainement d'un entre-sol obscur de la rue Saint-Dominique.

Tout le monde comprenait qu'il fallait à l'autorité locale plus de latitude, et qu'il n'est pas d'initiative possible à Alger, lorsque tout est ainsi régenté de Paris.

Ainsi, pendant une longue période, si l'Administration militaire a pu agir, c'est grâce à la prépondérance que lui donnait la gloire des combats, mais l'Administration civile ne pouvait rien.

Lorsqu'il a été question de modifier cet état de choses, les Algériens ont cru qu'ils allaient être enfin émancipés de cette lointaine tutelle, qu'un pouvoir étendu serait donné au Chef de la colonie, que l'Algérie serait administrée sur place.

On croyait à une Lieutenance générale, à une Vice-Royauté, et la création du Ministère de l'Algérie à Paris, a été un premier mécompte.

Puis, comme si ce n'était pas assez de ce pouvoir administrant à distance, on a apporté dans l'administration coloniale ce fâcheux sentiment qu'il fallait diviser pour régner. On a mis, à côté l'un de l'autre, sans bien limiter leurs attributions, et en les confondant dans les questions importantes, deux autorités, l'une militaire, l'autre civile, toutes deux correspondant directement avec le Ministre, et ce qui est plus qu'étrange, l'autorité militaire divisionnaire indépendante de l'autorité militaire suprême.

Nous avons, en effet, dans chaque province algérienne, un Préfet administrant le département, le territoire civil, un Général de division commandant la division militaire, la province, et faisant fonctions de Préfet en territoire militaire ; et par dessus ou à coté de ce dualisme administratif, un Général, commandant supérieur des forces de terre et de mer, qui dans certains cas pourrait concentrer tous les pouvoirs, et qui dans l'ordre habituel des choses correspond à la fois avec le Ministre de l'Algérie et avec le Ministre de la guerre, relevant de tous deux, et dont ne relèvent pas cependant les généraux de division en tant que préfets.

Cette organisation bâtarde, impuissante à créer autre chose que des conflits, à faire naître chaque jour l'antagonisme entre les fonctions d'abord, et ensuite entre les hommes, tel fut le premier résultat pour l'Algérie de la création d'un ministère spécial.

Les conflits d'attributions, de préséances, de personnes, tel est le fâcheux spectacle donné à la population, depuis deux années ; et en ce moment, les désaccords entre les diverses autorités sont si graves que la machine administrative est arrêtée et que chacun attend de Paris une solution qui doit tarder encore à nous parvenir, car de changements de personnes, de simples modifications seraient insuffisantes à prévenir de nouvelles difficultés, disons plus à empêcher ce qui n'est que la conséquence d'une organisation essentiellement vicieuse.

C'est un système nouveau qu'il faut créer en Algérie, une organisation différente de ce qui existe en France, et cela ne s'improvise pas. L'assimilation réclamée par quelques

uns est une impossibilité. Les rouages administratifs qui
fonctionnent dans la mère-patrie sont inapplicables vis-
à-vis d'une population de près de 3 millions d'âmes, dont
moins de 200 mille Européens; vis-à-vis d'une population
de mœurs et de religion si différentes des nôtres, vis-à-vis
d'un peuple qui n'a jamais connu qu'un gouvernement
absolu et qui a surtout le besoin, j'allais dire le sens
des décisions promptes, d'une justice sommaire.

Il faut en Algérie, civil ou militaire, il n'importe, un
pouvoir algérien considérable, unique, relevant directement du Souverain, un haut administrateur ayant voix
au Conseil des Ministres pendant ses séjours accidentels
à Paris, et correspondant de sa capitale africaine avec le
Chef de l'Etat, par l'intermédiaire d'auditeurs au Conseil
d'Etat détachés en service extraordinaire.

Le ministère du prince Napoléon avait amené aux
affaires des hommes d'une certaine couleur politique, et
ce fut la cause de son insuccès. — L'Algérie, comme toutes
les colonies naissantes, est bien plus préoccupée de ses
intérêts matériels que de discussions politiques, il était
inutile de l'agiter par la création de journaux d'opinions
avancées.

Une année tout entière se passa en dissensions de
toutes sortes, et lorsque M. de Chasseloup Laubat arriva
au ministère, il eut beau repousser le drapeau arboré
par une minorité peu nombreuse, mais forte par le sou-
tien momentané qu'elle avait trouvé auprès du Pouvoir,

èt par l'influence que lui donnait sur les masses plusieurs organes de la presse coloniale, il ne put éviter les conflits d'autorité que la présence d'un Prince à la direction des affaires n'avait pas empêché de se produire.

M. de Chasseloup Laubat a beaucoup fait pour la Colonie, mais, n'ayant pas de point d'appui dans le pays, inconnu d'une population dont au début il ignorait les besoins, ne voyant les choses qu'à travers l'esprit étroit d'une bureaucratie qui peut être apte à conserver des traditions, mais qui ne saurait avoir l'instinct des créations, — l'exécution des décrets rendus à Paris lui échappait; les territoires civils étaient agrandis sur le papier, une teinte jaune pouvait s'étendre sur la carte et doubler ou tripler la surface et la population sur lesquelles devait s'exercer l'autorité civile, qu'importe, si cette nouvelle autorité ne pouvait prendre possession de ces nouveaux territoires, si elle n'avait ni force ni moyens d'action sur ces nouveaux administrés? Qu'importe qu'un bureau arabe départemental succède à un bureau arabe militaire ? Que résulte-t-il de ce changement, si non, en l'état actuel, l'impuissance, l'impossibilité de percevoir l'impôt, faute d'un nombre suffisant d'agents, souvent moins de sécurité, faute d'une gendarmerie dont l'organisation devrait être complétée depuis longtemps, et dont l'insuffisance est démontrée chaque jour.

L'Algérie est pacifiée, les tribus les plus remuantes sont soumises; et ceci est l'honneur de l'administration du maréchal Randon. « Les Arabes disaient : « Une « femme pourrait aller maintenant d'un bout à l'autre de « la Régence, avec une couronne d'or sur la tête, et arri- « ver comme elle serait partie (1). »

L'état de paix n'est pas moindre aujourd'hui qu'alors, mais la sécurité des routes n'est certainement plus la même.

Les populations les plus récemment soumises à nos armes ne sont pas les moins disposées à nous prêter le concours de leurs bras pour l'exécution de nos grands travaux publics. Lorsqu'il y a quelques mois, le télégraphe répandit dans toutes les villes la connaissance du décret de concession de nos chemins de fer, la nouvelle se propagea avec une telle rapidité à travers la Kabylie, parcourue cependant par une colonne expéditionnaire, que quarante-huit heures après l'arrivée de la dépêche à Philippeville, deux mille Kabyles étaient descendus de leurs montagnes, et cherchaient sur les quais l'Entrepreneur qui devait conduire ces travaux si attendus, si nécessaires.

Les Conseils généraux, dans leurs sessions de 1858 et 1859, se sont trouvés d'accord sur les principales questions de la colonisation ; s'il y a quelque divergence d'opinion entre les administrateurs civils et militaires qui depuis vingt ans ont vécu en Algérie et se sont pé-

____

(1) *Le Gouvernement de l'Algérie*, par le colonel Ribourt.—Br. in-8°.

nétrés des conditions du problème à résoudre, c'est sur
le mode de procéder ou sur l'opportunité, et non sur la
question elle-même qu'il peut y avoir débat.

Est-il un sujet plus débattu que celui du canton-
ment des tribus?

Le cantonnement, tel qu'il a été demandé par les
Conseils généraux des trois provinces, n'est-ce pas un
grand pas fait dans la civilisation? n'est-ce pas la propriété personnelle pour chacun des membres de la tribu,
substituée à la propriété collective qui fait la fortune de
quelques chefs et la misère du laboureur? n'est-ce pas
le serf relevé à la dignité d'homme et échappant enfin
à la domination traditionnelle des familles puissantes
qui l'exploitent, pour rentrer exclusivement sous notre
autorité tutélaire.

Le cantonnement est une mesure désirable pour les
Indigènes et désirée par ceux qui la comprennent, parce
que, de l'état de Krammès, ils passeront à celui de pro-
priétaires; de pasteurs et de nomades, ils deviendront
cultivateurs. C'est une mesure nécessaire à la colonisation parce que c'est le seul moyen de livrer des terres
aux Européens. C'est une mesure politique, prévoyante
et sage, parce que c'est le moyen de désagréger la tribu,
d'annuler la puissance de ces chefs que nous avons créés
pour la plupart, ou que nous avons grandis bien au-delà
de ce qu'ont été jamais leurs familles; chose utile, au-
trefois peut-être, alors qu'ils nous servaient à conduire les

tribus soumises contre les tribus qui n'avaient pas encore reconnu notre autorité, mais dont les moindres inconvénients actuels ne sont pas les exactions possibles et malheureusement vraies de ces chefs sur leurs administrés, et la possibilité à des mécontents de se grouper autour de chefs beaucoup trop puissants et de donner ainsi un centre à une insurrection.

Le cantonnement des tribus et la substitution de la vente des terres aux concessions sont deux questions résolues par le ministère de M. de Chasseloup Laubat ; mais il faudrait en hâter l'application !

Où sont les tribus cantonnées ?

Où sont les terres que le Domaine doit mettre en vente ?

Il n'eût pas fallu surtout, avant qu'aucun des prétendus inconvénients signalés ne se fût manifesté, revenir sur un décret du prince Napoléon, décret rendu dans un véritable esprit de colonisation, et dont il convenait seulement d'entourer l'exécution de quelques mesures règlementaires ; nous voulons parler du décret qui autorisait les Européens à acheter des terres en territoire militaire, et dont le rappel a créé dans la colonie une sorte de muraille chinoise qui interdit à la colonisation de se développer, qui dit aux plus intelligents ou aux plus entreprenants : tu n'iras pas plus loin, et qui manque absolument de logique, car, si l'Administration militaire a de si graves raisons pour empêcher les deux populations de se mêler, elle eût dû songer à interdire aux

Indigènes des territoires militaires la faculté d'acquérir des propriétés en territoire civil.

Nous devons à M. de Chasseloup Laubat une certaine impulsion aux travaux publics : — la concession d'une portion du réseau des chemins de fer, — on assure que la Compagnie est en mesure de commencer bientôt ses travaux ; —la concession de la rue du Rempart, à Alger ; — ce grand ouvrage sera entrepris dans quelques jours ; il n'était donc pas vrai que les alignements avaient dû être changés ? les plans approuvés, signés du Ministre et du concessionnaire ne sont donc pas modifiés, dans leur ensemble au moins ? la question de savoir qui dirigera l'exécution, du Génie militaire ou de l'Administration municipale, est résolue ? Mais comment de pareils conflits d'attribution peuvent-ils se produire ? et seraient-ils possibles, se plongeraient-ils autant, si l'autorité suprême résidait à Alger.

Les efforts du Ministre de l'Algérie sont incontestables, mais un décret peut n'être qu'une lettre morte si son application ne suit pas. Jamais ministère n'a rendu autant d'arrêtés, n'a publié de si nombreux rapports, et cependant la colonisation est loin d'avoir progressé depuis deux années : les affaires sont en souffrance, le commerce languit. L'Administration, hésitante dans sa marche, semble retirer d'une main ce qu'elle a accordé de l'autre ; et la population inquiète et irritée de ces promesses qui ne s'accomplissent pas, s'exagère peut-être encore l'hostilité qui règne entre les diverses autorités coloniales.

La substitution de l'autorité civile à l'autorité militaire, ne serait pas une solution à toutes les difficultés qui surgissent à l'application d'un nouveau décret.

Tous les progrès accomplis en Algérie sont dûs à la forte impulsion de l'autorité militaire, ils n'ont été possibles qu'ensuite de la prudente et progressive administration de ses Gouverneurs généraux. Comment en est-on venu à ce point d'aberration de ne voir de salut que dans un régime qui serait absolument la contre-partie de tout le passé ?

Il ne faut pas seulement reconnaître, il faut dire que, parmi les officiers qui se vouent aux services spéciaux de la colonie, on retrouve l'élite de l'armée, et que de leurs groupes sont sortis les officiers généraux qui ont marqué dans les affaires publiques depuis vingt années.

L'autorité militaire a été vivement attaquée et, disons-le, sa nécessité a été fortement ébranlée dans les meilleurs esprits, depuis la création du Ministère de l'Algérie.

L'autorité civile même, lorsqu'elle n'encourageait plus cette polémique, ne voyait pas, sans un secret plaisir, attaquer un pouvoir dont elle désirait la succession. Elle sentait qu'elle avait de son côté une grande partie de la population, égarée en cela comme en beaucoup de choses, par une presse trop militante, et sans contradicteurs.

Combien en sont encore à déplorer ce qu'ils appellent le régime du sabre, et que la ruine enserre par l'écrasante lenteur des bureaux. L'Administration civile, si tracassière et si lente, n'a-t-elle pas eu bien souvent, hélas! des allures plus omnipotentes, que jamais autorité militaire?

Pour contrebalancer l'influence obscure des bureaux, qui procède par inertie, il eut fallu des Conseils généraux très-puissants dans chaque province; mais la discussion et le contrôle ne s'acceptent nulle part sans difficulté, et ils semblent à l'autorité, en Algérie, plus répulsifs que nulle part ailleurs.

En demandant la substitution de l'administration civile au pouvoir militaire, il faudrait donc s'entendre et bien préciser ses aspirations. L'administration civile doit succéder à l'autorité militaire, oui, sans doute, mais à la condition qu'elle sera contrôlée, surveillée; et pour cela, il faudrait, non pas des Conseils généraux que l'on réunit pour le vote d'un budget dont toutes les dépenses sont obligatoires; non pas des Conseils généraux qui désertent leur poste à la première contestation de leurs pouvoirs, mais des Conseils généraux à attributions étendues, des Conseils généraux élus par la population et trouvant dans l'opinion publique un appui et le sentiment vrai de leur dignité.

S'il nous était donné de faire entendre un avis dans ce moment, si grave pour l'Algérie, où son organisation est encore une fois en question, nous demanderions un Gouvernement local, et nous n'hésiterions pas à nous faire l'écho de la rumeur publique en désignant le Chef militaire à qui la Colonie doit ses années les plus prospères.

Nous souhaiterions une Chambre coloniale, composée d'habitants des trois provinces, réunis chaque année auprès du Gouverneur général assisté des préfets, et où seraient discutés le budget et les questions d'intérêt public, nos intérêts politiques aussi bien que nos intérêts matériels.

Nous souhaiterions des Conseils municipaux soumis à l'élection.

Et avec ces contre-poids, loin de prendre quelque souci de voir un chef militaire à la tête de l'Algérie, nous nous en féliciterions au contraire, espérant que la bureaucratie prendrait peut-être quelque chose des vives allures de ces brillants officiers qui, depuis la création des bureaux arabes, administrent à cheval, une population indigène de plus de deux millions d'âmes.

Alger. — Imprimerie Dubos.